LE VOLONTAIRE

MONOLOGUE COMIQUE EN VERS

DU MÊME AUTEUR :

AUX ANTIPODES, monologue provenço-comique, dit par madame Judic, du théâtre des Variétés, 2º édition... 1 »

UN MONSIEUR QUI N'AIME PAS LES MONOLOGUES, monologue comique, dit par Coquelin cadet, de la Comédie-Française, 3º édition................ 1 »

LE MOUCHOIR, monologue en vers, dit par F. Galipaux, du Palais-Royal, 2º édition................ 1 »

LE PETIT MÉNAGE, fantaisie en vers libres, dite et illustrée, par Saint-Germain, du Gymnase....... 1 »

LA PETITE RÉVOLTÉE, monologue en vers, dit par mademoiselle O. d'Andor, des Variétés, 3º édition. 1 »

TROP VIEUX! monologue en vers, dit par Saint-Germain, du Gymnase, 3º édition................ 1 »

LES CÉLÈBRES, monologue comique, dit par Coquelin cadet, de la Comédie-Française, 2º édition. 1 »

IMPRIMERIE GÉNÉRALE DE CHATILLON-SUR-SEINE. — A. PICHAT.

LIBRAIRIE PAUL OLLENDORFF
28 bis, rue de Richelieu, — PARIS.

DERNIÈRES PUBLICATIONS

Serge Panine, pièce en cinq actes, par Georges Ohnet, (Gymnase-Dramatique), in-18, 2ᵉ édition. . . . . 2 »
Le Maître de Forges, pièce en quatre actes et cinq tableaux, par Georges Ohnet, (Gymnase-Dramatique,) in-18, 11ᵉ édition . . . . 2 »
Le Coup du lapin, comédie en un acte, par Gaston Briet et Cerfbeer, (Théâtre Déjazet), in-18. . . . . . . 1 50
Rabelais novice, comédie en un acte, par Pierre Robbe, in-18. . . . . 1 50
Le Nom, comédie en 5 actes, par Émile Bergerat, (Odéon), avec lettre-préface à Adolphe Dupuis, in-18 . . 2 »
Smilis, drame en quatre actes en prose, par Jean Aicard, (Comédie-Française), 1 vol. grand in-8 cavalier. 3 50
Un Crane sous une tempête, saynète, par Abraham Dreyfus, in-18. . . . . 1 »
Oscar Bourdoche, comédie en un acte, (Cluny), par E. Grenet-Dancourt, in-18. . . . . 1 50
Trois Femmes pour l_ mari, comédie-bouffe en trois actes, par E. Grenet-Dancourt, (Cluny), in-18, 2ᵉ édition . . . . 2 »

Scènes a deux, par Adolphe Carcassonne, in-18. . 3 50
Pièces a dire, par Adolphe Carcassonne, in-18. 3 50
Nouvelles pièces a dire, par Adolphe Carcassonne, 2ᵉ édition, in-18. . . . . 3 50
A côté de la Rampe, comédies et saynètes, par E. Romberg, 1 vol. in-18. . . . . 3 50
Monologues Comiques et dramatiques, par E. Grenet-Dancourt, in-18. . . . . 3 50
Monologues et Récits, par Émile Boucher et Félix Galipaux, in-18 . . . . 2 »
Théâtre a la Ville, comédies de cercles et de salons, par Eugène Ceillier. 1 vol. in-18. . . . . 3 fr.
Théâtre de Campagne, par E. Legouvé, E. Labiche, H. Meilhac, E. Gondinet, etc., etc.
    Ont paru les séries 1 à 8. Chaque série forme un volume in-18 jésus. . . . . 3 fr. 50

IMPRIMERIE GÉNÉRALE DE CHATILLON-SUR-SEINE, A. PICHAT.

GEORGES FEYDEAU

LE VOLONTAIRE

MONOLOGUE COMIQUE
EN VERS
dit par
FÉLIX GALIPAUX
du Palais Royal

Prix :
Un franc

PARIS
PAUL OLLENDORFF, ÉDITEUR

1884

GEORGES FEYDEAU

LE VOLONTAIRE

MONOLOGUE COMIQUE EN VERS

DIT PAR

FÉLIX GALIPAUX, du Palais-Royal.

PARIS
PAUL OLLENDORFF, ÉDITEUR
28 *bis*, RUE DE RICHELIEU, 28 *bis*

1884
Tous droits réservés.

LE VOLONTAIRE

A Léon Landau.

Excusez ! C'est moi.... L'on prétend
Que le ministre de la guerre
Est ici? — C'est vrai? — Justement
J'ai plus d'une plainte à lui faire...
Depuis trois jours, de mon état,
Monsieur, si parmi nous vous êtes,
Apprenez que je suis soldat...
Quel métier! Mille baïonnettes !
Vous dire à quel point j'en suis las !

... Comme ministre de la guerre,
Nous ne savez peut-être pas
Bien ce que c'est qu'un militaire?
Affreux! — J'ai pincé dans trois jours
Vingt jours de salle de police ;
Si cela doit durer toujours,
J'en aurai dix fois mon service.
... Lundi j'arrive ; un vieux sergent
Me dit : « Holà! cré mill'tonnerre,
» C'qu'on salu'donc plus maintenant?
— Pardon, monsieur le militaire
» Fais-je alors, mais je ne crois pas
» Avoir l'honneur de vous connaître ;
» Et je vous vois du haut en bas
» Sans parvenir à vous remettre.
— F'rez deux jours sall'polic' crebleu !
» C'est qu'ça donc? Vot'nom un peu vite? »
Tout abasourdi, voyant bleu,
Je tends ma carte de visite :
« C'qui m'a donné pareil crétin ?
» F'rez deux jours ! m'entendez? tonnerre !

» ... Crétin! Oui... t-a-i-n tin! »
Et j'ai mes quatre jours à faire.
Non, c'est révoltant, quoi qu'on dise,
De s'entendre à tous les moments
Punir à la moindre bêtise
Par de vulgaires ignorants;
Par des gens qui, soir et matin,
Dans un style de télégraphe
Viennent vous traiter de « crétin! »
Sans même y mettre l'orthographe.
... Enfin avant-hier, c'est plus fort!
L'on nous commande à l'exercice :
— Vous allez voir si j'avais tort. —
« Portez arme! » Belle malice!
Moi qui ne suis pas un gogo,
Tout seul je reste l'arme à terre.
» Eh bien! hurle-t-on, grand nigaud
» Pour quand? — Oui, bernick! petit père!
» Je n'aurai pas porté plus tôt
» L'arme, que, la chose est certaine,
» Il me faudra tout aussitôt

» La reposer! C'est pas la peine. »
Bien v'lan! Autre punition.
Oui! — Tenez, on nous crie en face
Plus tard : « droite conversion! »
Et chacun de tourner sur place.
Quant à moi, je ne bronche pas.
Honte! est-ce ainsi que l'on débauche,
Que l'on débauche des soldats!
Mon père est député de gauche,
Honneur à son opinion!
A son parti je me rallie.
« Qui? moi! faire conversion
A droite? Jamais de la vie! »
Ça m'a valu ni plus ni moins,
Deux jours de salle de police!
Je les ferai! Mais néanmoins,
Je crierai haut à l'injustice....
Avant d'entrer au régiment
Je m'étais fait, plein de prudence,
Au colonel sournoisement
Recommander avec instance.

Sitôt l'exercice fini,
Couvant dans mon cœur ma colère,
Je demande à monter chez lui
Pour lui détailler mon affaire.
Il me reçoit d'un air grognon :
— D'ailleurs c'est toujours de la sorte, —
« C'est vous qu'on nomme Potiron?
— Pruneau ! mon colonel. — N'importe !
» Pruneau, Potiron, c'est tout un.
» C'est toujours chose qui se mange,
» Et faut pas faire le malin
» Savez, cré nom ! ou je vous range !
» Vous m'êtes recommandé vous !...
» Par chose !... Que je me rappelle !
» Un de vos parents ?... Vertuchoux !
» Ce crétin !... comment qu'on l'appelle ?
» Un nom en « off » ? Ah ! Oui : « Trucard » —
— Non, mon colonel : « La Rusée ».
— Là dessus le voilà qui part,
Qui monte comme une fusée :
« Cré nom ! « La Rusée » ou « Trucard »

» C'est peut-être pas même chose?
» Me prenez donc pour un jobard?
» Faut pas nous la faire à la pose!
» Quand vous m'aurez bien regardé?
» Coucherez ce soir à la caisse !
» Allez!... m'êtes recommandé,
» Vous!... Soignerai! Faut que ça cesse !
Moi j'écumais : « Ah ! c'est cela ?
» J'irai me plaindre! » Il devient bistre :
« Cré nom !... prison ! ce crétin-là !...
» Et pouvez vous plaindre au ministre !...
— Mais certainement que j'irai !
» Ah ! bien, si vous croyez me faire
» Peur ! » et sans plus hésiter, j'ai
Couru bien vite au ministère
Et me voilà ! — Vous savez tout
Monsieur, et voyez mes supplices,
Comprenez-vous qu'on soit à bout
Devant toutes ces injustices.
Bien non ! c'est trop d'obsession !
Assez du métier militaire,

Acceptez ma démission...
Et ramenez-moi chez ma mère.

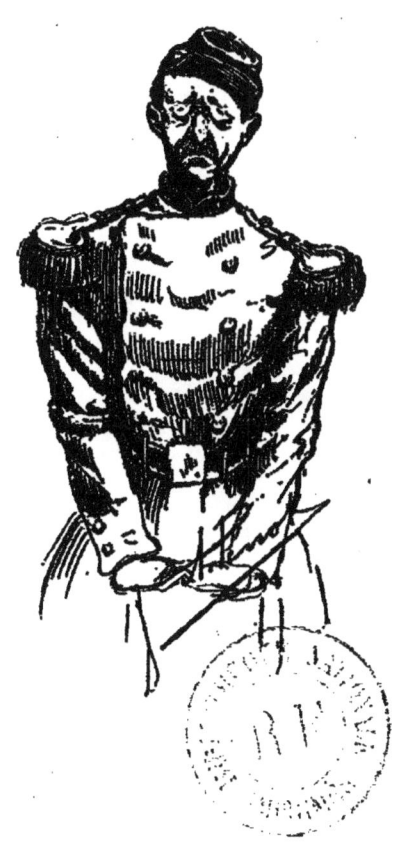

LIBRAIRIE PAUL OLLENDORFF
28 bis, rue de Richelieu, — PARIS.

MONOLOGUES

L'AIGUILLEUR, monologue en vers d'Alph. Scheler, dit par Worms, de la Comédie-Française .... 1 »

L'AMATEUR DE PEINTURE, monologue par Philippe Gille, dit par Coquelin cadet, de la Comédie-Française, (illustrations de Loir Luigi) .... 1 »

LES AMOUREUX, fantaisie en vers par Ch. Clairville, dite par C. Coquelin, de la Comédie-Française (illustrations de Cabriol). 1 »

APRÈS LE MARIAGE...? monologue par Paul Manivet, dit par mademoiselle Marsy, de la Comédie-Française, (avec une eau-forte par Paul Avril) 1 50

L'ASSURÉ, monologue en vers par Marcel Belloc, dit par Félix Galipaux, du théâtre du Palais-Royal .... 1 »

AU JARDIN DES PLANTES, poésie par Paul Lheureux, dite par Galipaux, du théâtre du Palais-Royal .... 1 »

AUX ANTIPODES, monologue provenço-comique par G. Feydeau, dit par madame Judic, du théâtre des Variétés .... 1 »

LE BAIN, monologue par Charles Samson, dit par Félix Galipaux, du théâtre du Palais-Royal .... 1 »

LE BIJOU PERDU, monologue en prose par Louis Bridier et Édouard Philippe .... 1 »

LE BON DIEU, monologue comique, par E. Grenet-Dancourt, dit par Coquelin aîné, de la Comédie-Française .... 1 »

LE BOUDINÉ, thèse en vers, par V. Revel, soutenue par Georges Noblet, du théâtre du Gymnase .... 1 »

LE BOUTON, monologue en vers par Hixe, dit par A. Des Roseaux. .... 1 »

LES BRETELLES, monologue en vers, par V. Revel, dit par Coquelin cadet, de la Comédie-Française .... 1 »

LES CÉLÈBRES, monologue comique, par Georges Feydeau, dit par Coquelin cadet, de la Comédie-Française .... 1 »

C'EST LA FAUTE AU SILLERY! monologue en vers (avec illustrations), par Desmoulin, dit par Berthelier. 1 50

LES CHAPEAUX, par J.-G. Vibert, conférence faite au théâtre es Variétés par Berthelier, édition illustrée de 20 dessins, in-4. 1 50

LA CHASSE monologue comique par E. Grenet-Dancourt, dit par Coquelin aîné, de la Comédie-Française .... 1 »

LE CHEVAL, monologue par Pirouette, dit par Coquelin cadet, de la Comédie-Française (illustrations par Sapeck). 1 50

LE CHIRURGIEN DU ROI S'AMUSE, monologue par Arnold Mortier, dit par Coquelin cadet, de la Comédie-Française (illustrations de Sapeck). . . . . 1 »
LA CONFESSION, duo mimique par un seul personnage, de Paul du Crotoy et F. Galipaux, dit par F. Galipaux, du Palais-Royal 1 »
COQ-A-L'ANE, monologue en vers, par M. Belloc, dit par Coquelin aîné, de la Comédie-Française. . . . . 1 »
LE COSTUME DE PIERROT (histoire vraie), monologue dramatique en vers, par Alphonse Scheler, dit par Madame Sarah Bernhardt. . . . . 1 »
DE LA PRUDENCE! monologue en prose, par A. Guillon et A. Des R., dit par Armand Des Roseaux. . . . . 1 »
LE DÉPUTÉ, monologue par E. Morand, dit par Coquelin cadet, de la Comédie-Française. 1 »
L'ÉLECTION, monologue en vers par Julien Berr de Turique, dit par Coquelin cadet, de la Comédie-Française. . . . . 1 »
EN FAMILLE, monologue en prose (avec illustrations), par G. Moynet, dit par Coquelin cadet, de la Comédie-Française. 1 50
L'EMPLOYÉ, monologue en prose, par Édouard Noël, dit par Coquelin cadet, de la Comédie-Française. . . . . 1 »
L'EXAMEN DE CONSCIENCE, monologue en vers par A. Mélandri, dit par mademoiselle Reichenberg, de la Comédie-Française. 1 »
FLIRTATION, monologue, par Eugène Adenis, dit par Coquelin aîné, de la Comédie-Française. . . . . 1 »
LES FOUS, poésie comique par Ch. Samson, dit par Coquelin aîné, de la Comédie-Française. . . . . 1 »
GOBART, monologue, de G. Moynet, dite par Coquelin cadet, de la Comédie-Française. 1 »
LA HALLE AUX BAISERS, par A. Melandri, illustrations de Willette. 1 50
L'HOMME MAIGRE, monologue, par Robert de Lille, dit par un homme gras. . . . . 1 »
L'HOMME PROPRE, monologue en prose, par Ch. Cros, dit par Coquelin cadet, de la Comédie-Française, illustrations de Cabriol. . . . . 1 »
L'HOMME QUI BAILLE, monologue comique, par E. Grenet-Dancourt, dit par Coquelin cadet, de la Comédie-Française. . . 1 »
IDYLLE PARISIENNE, monologue en vers, par Georges Gillet, dit par Deroy, du théâtre de la Gaîté. . . . . 1 »
JE NE VEUX PLUS AIMER, monologue, par Julien Berr de Turique, dit par Georges Guillemot, du Gymnase. . . . . 1 »
JE VOUS AIME! monologue en vers, par Alphonse de Launay, dit par Mlle Lincelle, du Vaudeville. . . . . 1 »
LE LAMENTO DU COQUILLAGE, insanité rimée par Melandri, dite par Coquelin cadet, de la Comédie-Française (illustrations de Moloch). . . . . 1 »
LA LETTRE ROSE, monologue, par Alphonse de Launay, dit par Mlle Marguerite Conti, du théâtre de la Renaissance. . . . 1 »

LES LUNETTES DE MA GRAND'MÈRE, monologue en vers, par H. Matabon, dit par Mlle Reichenberg, de la Comédie-Française. 1 »
MADAME LA COLONELLE, monologue en prose, par E. Philippe et L. Bridier, dit par madame Suzanne Lagier . . . . 1 »
MAMAN ! naïveté en vers, par Paul Roux, dite par Mlle Marie Hamann, de l'Opéra. . . . . 1 »
MINET, monologue en vers, par F. Beissier, dit par E. Bonheur. . . . . 1 »
LE MOINE, monologue en prose, par Jean Nicolaï, dit par Mme Judic, du théâtre des Variétés . . . . 1 »
LE MONOLOGUE ! monologue en prose, par E. Bourrelier, dit par de Féraudy, de la Comédie-Française. . . . . 1 »
LE MONOLOGUE MODERNE, par Coquelin cadet, de la Comédie-Française (avec illustrations de Loir Luigi) . . . . 2 »
MON PARAPLUIE ! monologue en vers, par Élie Frébault, dit par Félix Galipaux, du théâtre du Palais-Royal. . . . . 1 »
LA MOUCHE, monologue en vers, par Émile Guiard, dit par Coquelin aîné, de la Comédie-Française, 23e édition . . . . 1 »
LE MOUCHOIR, monologue en vers, par G. Feydeau, dit par Félix Galipaux, du théâtre du Palais-Royal . . . . 1 »
LA NOURRICE, monologue, par Ernest Daudet, dit par Mlle Reichenberg de la Comédie-Française . . . . 1 »
ON DEMANDE UN MINISTRE ! monologue en prose, par Maurice Desvallières et Gaston Joria, dit par Mlle Thénard, de la Comédie-Française. . . . . 1 »
PARIS, monologue comique, par E. Grenet-Dancourt, dit par Coquelin cadet, de la Comédie-Française . . . . 1 »
LA PETITE CHOSE, par V. Revel, monologue en vers, dit par Mlle Réjane, du Vaudeville, et par M. Galipaux, du Palais-Royal. 1 »
LA PETITE RÉVOLTÉE, monologue en vers, par G. Feydeau, dit par mademoiselle O. d'Andor, des Variétés . . . . 1 »
LE PETIT MÉNAGE, monologue en vers, par Georges Feydeau, dit et illustré par Saint-Germain, du théâtre du Gymnase. . . . 1 »
LE PIANISTE, monologue en prose, par E. Morand, dit par Coquelin cadet, de la Comédie-Française. . . . . 1 »
LE POT A FLEURS, monologue en vers par Henri Lefèbvre, dit par F. Galipaux du théâtre du Palais-Royal . . . . 1 »
LA PRÉDICTION, poésie par André Alexandre, dite par madame Émilie Broisat, de la Comédie-Française. . . . . 1 »
PROJETS POUR DIMANCHE, (triolets) par Lucien Cressonnois, monologue dit par Saint-Germain, du théâtre du Gymnase. . . . 1 »
LA REVANCHE DE LAURE, deux lettres en vers, par Alphonse de Launay, dites par Volny, de la Comédie-Française (Illustrations de Gaston Béthune et Edouard d'Otémar. . . . . . 1 »
LA ROBE DE PERCALINE, monologue en vers, par J. Berr de Turique, dit par Mlle Barretta, de la Comédie-Française . . . . 1 »
SÉRAPHINE, fantaisie en vers, par V. Revel, dite par Coquelin cadet, de la Comédie-Française. (Dessins de Parmégiani). . 1 »

SPÉCIALITÉ DE LA MAISON, monologue en prose, de J. Guérin, dit par F. Galipaux, du théâtre du Palais-Royal. . . . . . 1 »
LES SOUFFLETS, naïveté en vers par V. Revel, dite par Mlle Lina Hermann, du théâtre de la Renaissance . . . . 1 »
SUR LE TERRAIN, monologue par Adolphe Tavernier, dit par Coquelin cadet, de la Comédie-Française. (Illustré par Henriot. . . . . 1 »
SUR LES MAINS, monologue en prose par H. Passerieu et Félix Galipaux, du théâtre du Palais-Royal. . . . . 1 »
LE TIMBRE-POSTE, monologue en vers, par André Herman . . 1 »
TÔT-z-OU TARD, monologue en vers par Max. Le Gros, dit par Félix Galipaux, du Palais-Royal . . . . 1 »
TROP VIEUX! monologue en vers, par Georges Feydeau, dit par Saint-Germain, du Gymnase . . . . 1 »
UN BILLET, monologue en vers par Julien Berr de Turique, dit Mlle Rachel Boyer, du théâtre de l'Odéon. . . . . 1 »
UN CANARD, monologue en prose (avec illustrations), par G. Moynet, dit par Coquelin cadet, de la Comédie-Française. . 1 50
UNE PRÉSENTATION, monologue en prose, par Mlle J. Thénard, de la Comédie-Française. . . . . 1 »
UNE SOURIS, monologue en vers, par Hippolyte Matabon, lauréat de l'Académie-Française, dit par Coquelin aîné, de la Comédie-Française . . . . 1 »
UN HOMME A LA MER, monologue en prose, par E. Morand, dit par Coquelin cadet, de la Comédie-Française. . . . . . . 1 »
UN MARI, naïveté en vers, par V. Revel, dit par Mlle Maria Legault, du Vaudeville. . . . . 1 »
UN MONSIEUR QUI A UN TIC, monologue en prose, de F. Galipaux et Ch. Samson, dit par F. Galipaux, du Palais-Royal. 1 »
UN MONSIEUR QUI N'AIME PAS LES MONOLOGUES, monologue en prose, par Georges Feydeau, dit par Coquelin cadet, de la Comédie-Française. . . . . 1 »
UN PRIX DE DOUCEUR, monologue, par Louis Tognetti . . . . 1 »
UN SCENARIO, par mademoiselle Thénard, de la Comédie-Française, dit par Coquelin cadet, de la Comédie-Française . . 1 »
LA VIE, monologue comique, par E. Grenet-Dancourt, dit par Coquelin aîné, de la Comédie-Française. . . . . 1 ».
LE VIN GAI, monologue en vers, par Delannoy, du théâtre du Vaudeville. . . . . 1 »
LE VOLEUR VOLÉ, anecdote oubliée par Anacréon, mise en vers par Paul Bilhaud (Illustrations renouvelées de l'antique par H. Gray). . . . . 1 »
LE VOLONTAIRE, monologue comique, en vers, par Georges Feydeau, dit par F. Galipaux, du théâtre du Palais-Royal . . . 1 »

Imprimerie Générale de Châtillon-sur-Seine. — A. Pichat.

www.ingramcontent.com/pod-product-compliance
Lightning Source LLC
Chambersburg PA
CBHW070434080426
42450CB00031B/2412